Francisco Otávio Lemos da Cunha

Gestione basata sulle competenze:

Francisco Otávio Lemos da Cunha

Gestione basata sulle competenze:

Analisi della sua applicabilità nella promozione al merito degli Ufficiali della Polizia Militare di Santa Catarina

ScienciaScripts

This book is a translation from the original published under ISBN 978-613-9-63810-9.

Publisher:
Sciencia Scripts
is a trademark of
Dodo Books Indian Ocean Ltd. and OmniScriptum S.R.L publishing group

120 High Road, East Finchley, London, N2 9ED, United Kingdom
Str. Armeneasca 28/1, office 1, Chisinau MD-2012, Republic of Moldova, Europe
Printed at: see last page
ISBN: 978-620-7-38350-4

GESTIONE DELLE COMPETENZE

ANALISI DELL'APPLICABILITÀ DELLA PROMOZIONE BASATA SUL MERITO PER GLI UFFICIALI DELLA POLIZIA MILITARE DI SANTA CATARINA

Francisco Otavio Lemos da Cunha

Laurea in Scienze Giuridiche e Sociali presso il Centro Universitario Ritter dos Reis (UNIRITTER), Specialista in Gestione Integrata della Sicurezza Pubblica presso l'Universidade do Sul de Santa Catarina (UNISUL) e Laurea in Scienze di Polizia presso l'Academia de Policia Militar de Santa Catarina (APMT), 1° Tenente della Polizia Militare di Santa Catarina/SC, franciscotavio@hotmail.com.

Giovanni Cardoso Pacheco (consigliere)

Master in Ingegneria della Produzione presso l'Università Federale di Santa Catarina (UFSC), Specialista in Gestione della Qualità nel Servizio Pubblico presso l'Università Statale di Santa Catarina (UDESC), Specialista in Sicurezza Pubblica presso l'Università del Sud di Santa Catarina (UNISUL), Specialista in Gestione Strategica della Sicurezza Pubblica presso l'Università di Vale do Itajai (UNIVALI) e Specialista in Prevenzione della Criminalità presso l'Università del Sud di Santa Catarina (UNISUL), Colonnello della Polizia Militare di Santa Catarina/SC, giopacheco67@gmail.com.

INDICE

SOMMARIO

Obiettivo: Lo scopo di questo articolo è analizzare l'applicabilità della gestione basata sulle competenze nella promozione meritocratica degli ufficiali della Polizia Militare di Santa Catarina (PMSC). Questa analisi è giustificata dalla necessità di riadattare il sistema di valutazione delle prestazioni dell'istituzione, rendendo il processo più equo e aggiornato, raggiungendo così standard di eccellenza nella gestione delle persone che avranno un impatto diretto sui risultati organizzativi.

Disegno/Metodologia/Approccio: La ricerca è stata condotta utilizzando il metodo deduttivo, con una ricerca bibliografica ed esplorativa come tecnica di ricerca. Questa metodologia ha permesso al ricercatore di confrontare il modo in cui le promozioni degli ufficiali PMSC basate sul merito sono attualmente trattate, con le linee guida della gestione basata sulle competenze e gli attuali sistemi di valutazione delle prestazioni.

Risultati: Si è concluso che la gestione basata sulle competenze è perfettamente applicabile ai dettami che guidano la promozione per merito degli Ufficiali, in quanto si concilia con i principi di gerarchia e disciplina che governano le istituzioni militari. Tuttavia, la sua applicazione all'interno della PMSC richiede una profonda revisione dei criteri di valutazione delle prestazioni e del sistema di elaborazione.

Originalità/valore: I top manager della PMSC sono gli Ufficiali ed è attraverso di loro che l'istituzione prende le sue decisioni strategiche per interferire direttamente nella fornitura di servizi alla società. Questo articolo fornisce una visione attuale della gestione delle persone basata sulle competenze come mezzo per raggiungere risultati istituzionali eccellenti.

Parole chiave: promozione. merito. gestione. competenze. valutazione.

GESTIONE DELLE COMPETENZE

ANALISI DELL'APPLICABILITÀ NELLA PROMOZIONE DA PARTE MERITO DEGLI UFFICIALI DELLA POLIZIA MILITARE DI SANTA CATARINA ABSTRACT

Obiettivo: Questo articolo si propone di analizzare l'applicabilità della gestione delle competenze nella promozione per merito degli ufficiali della Polizia Militare di Santa Catarina (PMSC). Questa analisi è giustificata dalla necessità di riadattare il sistema di valutazione delle prestazioni dell'istituzione, rendendo il processo più equo e attuale, raggiungendo così standard di eccellenza nella gestione delle persone che avranno un impatto diretto sui risultati organizzativi.

Disegno/ Metodologia/ Approccio: La ricerca è stata sviluppata utilizzando il metodo deduttivo, avendo come tecnica di ricerca quella bibliografica ed esplorativa. Questa metodologia ha permesso al ricercatore di confrontare il modo in cui le promozioni per merito degli ufficiali PMSC vengono attualmente elaborate, con le linee guida della gestione delle competenze e l'attuale sistema di valutazione delle prestazioni.

Risultati: Si è concluso che la gestione basata sulle competenze è perfettamente applicabile ai dettami che guidano la promozione per merito degli Ufficiali, perché si concilia con i principi di gerarchia e disciplina che governano le istituzioni militari. Tuttavia, l'applicazione nell'ambito della PMSC necessita di una profonda riformulazione dei criteri di valutazione delle prestazioni e della sistematica di elaborazione.

Originalità / valore: I grandi manager della PMSC sono gli Ufficiali e attraverso di loro l'istituzione prende le sue decisioni strategiche in un modo che interferisce direttamente con la fornitura di servizi alla società. Questo articolo presenta una visione attuale della gestione delle persone per competenze come modalità per raggiungere risultati istituzionali di eccellenza.

Parole chiave: promozione. merito. gestione. competenze. valutazione.

1 INTRODUZIONE

La Polizia Militare di Santa Catarina (PMSC) ha obiettivi impegnativi definiti nel suo Piano Strategico. Una delle sue aspirazioni è quella di essere riconosciuta come un'istituzione che fornisce servizi eccellenti e, per raggiungere questo obiettivo, una delle dimensioni strategiche della società è il capitale umano e organizzativo (SANTA CATARINA, 2015). Il presente articolo nasce da questo obiettivo strategico dell'istituzione, unito alla necessità di riformulare la gestione delle persone per promuovere il continuo miglioramento personale e professionale dei suoi funzionari, rendendoli più motivati e impegnati nel perseguimento di risultati eccellenti.

Il tema della gestione delle persone è impegnativo ed estremamente complesso per qualsiasi organizzazione e la sua corretta gestione può essere il differenziale per massimizzare i risultati. Pertanto, considerando che la gestione basata sulle competenze è un tema attuale nel settore aziendale ed è utilizzata nelle grandi organizzazioni che si distinguono nel loro campo, questo studio è rilevante perché mostra come la gestione basata sulle competenze possa essere conciliata con i principi che regolano un'istituzione militare e i risultati che possono derivare dall'implementazione di questo modello di gestione.

La ricerca è stata condotta utilizzando il metodo deduttivo, con una ricerca bibliografica ed esplorativa come tecnica di ricerca. L'analisi della gestione basata sulle competenze nella Polizia Militare di Santa Catarina mira a dimostrare la possibilità della sua applicazione nei criteri di promozione al merito degli ufficiali.

A tal fine, verrà condotta una ricerca teorica sui fondamenti della gestione basata sulle competenze, spiegandone gli obiettivi e i vantaggi per l'organizzazione, nonché descrivendo il modo in cui vengono attualmente effettuate le promozioni degli ufficiali basate sul merito.

Infine, verranno presentate alcune considerazioni sulla riformulazione dei criteri e del sistema di promozione, al fine di renderne possibile l'elaborazione in base alle linee guida della gestione per competenze.

2 SVILUPPO

2.1 Gestione basata sulle competenze

L'analisi della gestione per competenze richiede una corretta comprensione e conseguente differenziazione tra gestione e gestione delle persone, fino ad arrivare alla gestione per competenze, oggetto centrale di questo studio.

La gestione, secondo il dizionario Michaelis (2014), consiste nell'"atto di gestire, amministrare e dirigere una determinata attività". In questo caso, si tratta della "competenza gestionale" in cui l'organizzazione può basarsi su uno o più modelli organizzativi (RESENDE, 2003). Pertanto, si può dedurre che il termine management è molto ampio, da cui derivano alcuni concetti e modelli di gestione che riguardano qualsiasi organizzazione.

Uno dei punti più importanti per qualsiasi istituzione pubblica o privata sono le persone, poiché "sono parti fondamentali delle organizzazioni e interferiscono direttamente nella struttura organizzativa" (MACHADO; MELCHERT; MAKUFKA, 2011, p. 186). La necessità di prestare particolare attenzione alle persone che compongono un'organizzazione si basa sul fatto che esse sono considerate l'elemento principale su cui i manager devono investire, poiché la garanzia dei risultati organizzativi risiede nell'ottenere professionisti qualificati e motivati (LAPOLLI; SILVA; SANTO, 2009).

Va notato che ogni organizzazione è composta da persone e dipende da loro per raggiungere i propri obiettivi e adempiere alle proprie missioni (CHIAVENATO, 2010). In questo senso, "il capitale intellettuale, che è il patrimonio intangibile delle organizzazioni, è il bene più prezioso in questa società della conoscenza" (MACHADO; MELCHERT; MAKUFKA, 2011, p. 190).

Pertanto, il successo di un'azienda dipende sempre più dalle persone che ne fanno parte, poiché esse contribuiscono con le loro idee, competenze, esperienze e lavoro al raggiungimento degli obiettivi e delle finalità di un'organizzazione (MACHADO; MELCHERT; MAKUFKA, 2011). Pertanto, la gestione delle persone è lo strumento che aiuta i manager a svolgere le loro funzioni (pianificazione, organizzazione, direzione e controllo) attraverso le persone che compongono il loro team (CHIAVENATO, 2010).

Quando si parla di gestione delle persone, Chiavenato (2010, p. 8) afferma:

> La gestione delle persone (PM) è un'area molto sensibile alla mentalità che prevale nelle organizzazioni. È estremamente contingente e situazionale, poiché dipende da vari aspetti, come la cultura esistente in ogni organizzazione, la struttura organizzativa adottata, le caratteristiche del contesto ambientale, l'attività dell'organizzazione, la tecnologia utilizzata, i processi interni, lo stile di gestione utilizzato e una moltitudine di altre importanti variabili.

A loro volta, gli obiettivi della gestione delle persone sono vari e contribuiscono all'efficacia organizzativa attraverso i seguenti mezzi: Aiutano l'organizzazione a raggiungere i suoi obiettivi e a realizzare la sua missione; forniscono all'organizzazione competitività; forniscono all'organizzazione persone ben formate e ben motivate; aumentano l'autorealizzazione delle persone e la loro soddisfazione sul lavoro; sviluppano e mantengono la qualità della vita sul lavoro; gestiscono e guidano il cambiamento; mantengono politiche etiche e comportamenti socialmente responsabili e mirano a costruire la migliore azienda e il miglior team (CHIAVENATO, 2010).

Quando si affronta il tema della gestione delle persone, vale la pena sottolineare i suoi processi fondamentali, come descritto da Chiavenato (2010): il processo di inserimento delle persone, il processo di applicazione delle persone, il processo di ricompensa delle persone, il processo di sviluppo delle persone, il processo di mantenimento delle persone e il processo di monitoraggio delle persone. Questi processi di gestione delle persone sono complessi e devono interagire tra loro in modo tale che l'uno non danneggi l'altro e che insieme aumentino i risultati organizzativi.

Un modo per integrare questi processi in modo equilibrato è l'uso di una balanced scorecard (CHIAVENATO, 2010). Questa metodologia "traduce la missione e la strategia delle organizzazioni in un insieme equilibrato e completo di misure di performance, che fungono da base per un sistema di misurazione e di gestione strategica". (ANDRADE; AMBONI, 2010, p. 74).

Gestire le persone consiste nel "raggiungere un alto grado di cooperazione e di impegno, e questo è più che gestire le persone, è gestire con le persone" (CHIAVENATO, 2005, 313). Per raggiungere i livelli di eccellenza ricercati nella sua pianificazione strategica, un'organizzazione ha bisogno delle persone e la loro corretta gestione è il punto cruciale per questa aspirazione.

Data questa realtà e l'importanza di applicare il modo migliore di gestire le persone, è nata la gestione basata sulle competenze. Secondo Dessler (2003 apud GIRARDI et al., 2009, p. 39) "la competenza è legata a caratteristiche quali conoscenze, abilità e comportamenti che consentono di ottenere prestazioni."

In linea con questa idea, ne consegue che:

> La gestione delle competenze si occupa della creazione e dello sviluppo continuo delle competenze, aiutando il Knowledge Management a creare conoscenza attraverso la creatività, la flessibilità e così via (GIRARDI et al., 2009, p. 39).

Persone qualificate, che lavorano nei ruoli giusti, da un lato portano innumerevoli benefici e aumentano la redditività delle organizzazioni, dall'altro rendono le persone felici e soddisfatte di ciò che fanno (MACHADO;

MELCHERT; MAKUFKA, 2011). Per questo motivo, la gestione delle persone basata sulle competenze è di estrema importanza, in quanto previene la perdita di talenti o il sottoutilizzo della forza lavoro qualificata di cui l'organizzazione dispone, creando un ambiente di lavoro favorevole in cui le persone sono felici e soddisfatte.

La gestione per competenze, come insegna Resende (2003, p. 152), "significa attuare piani con l'applicazione di principi e tecniche di gestione per sviluppare competenze specifiche che dirigenti, team o aree devono acquisire e applicare".

Secondo Ruano (2003, p. 22), la competenza può essere intesa in due dimensioni:

> [...] quella strategica (aziendale) e quella individuale. La prima riguarda le competenze organizzative e si riferisce all'azienda nel suo complesso. La seconda riguarda le competenze delle persone che lavorano nell'organizzazione. Sebbene concettualmente vi sia una distinzione tra le dimensioni, nella pratica organizzativa esse sono strettamente collegate.

Le competenze personali possono essere riassunte come l'insieme delle competenze tecniche e comportamentali che un professionista possiede, costituite dalla triade (conoscenze, abilità e atteggiamenti), ovvero sapere, saper fare e voler fare (RABAGLIO, 2001). In questo contesto, Resende (2003, p. 153) afferma che "dove il concetto e il modello di competenza stanno avendo applicazioni più innovative e specifiche è nella gestione delle risorse umane. Ed è naturale, perché in fin dei conti anche le competenze tecniche e organizzative sono sostenute da competenze personali".

La competenza, come è stato dimostrato, ha una doppia valenza: organizzativa e individuale. Va notato che le due cose sono totalmente correlate e non è possibile stabilire le competenze individuali senza prima riflettere sulle competenze organizzative, vale a dire che le organizzazioni non possono vivere senza la *competenza delle* persone e le persone, a loro volta, non possono vivere senza la *competenza delle* organizzazioni (RUANO, 2003).

Questa concezione dà origine al termine "*competenze* chiave", considerate come "un insieme di abilità e tecnologie che risultano fornire un differenziale fondamentale per la competitività di un'azienda" (RUANO, 2003, p. 22-23).

Poiché le competenze chiave trattano le competenze da una prospettiva più ampia, cioè quella aziendale, devono essere diagnosticate in due fasi, la prima analizzando le competenze aziendali e la seconda le competenze umane (RUANO, 2003).

Alla luce di ciò, ci si chiede perché il modello di gestione basato sulle competenze dovrebbe essere applicato nelle organizzazioni. Le risposte sono molteplici, le principali sono la ricerca di standard di gestione eccellenti, l'identificazione e lo sviluppo di competenze strategiche, lo stimolo all'autosviluppo delle qualifiche e delle competenze dei manager e di tutti i dipendenti, la gestione e la fidelizzazione dei talenti, la gestione delle carriere e la ricerca di criteri retributivi più equi e trasparenti (RESENDE, 2003).

La gestione per competenze interferisce in diverse aree dell'istituzione e ha un'ampia applicazione, come insegna Resende (2002, p. 20):

> Definizione delle competenze chiave dell'azienda, al fine di concentrare gli sforzi sui punti che consentono di migliorare più rapidamente gli standard di prestazione e le condizioni di eccellenza.
> Definizione delle competenze manageriali, con l'obiettivo di dare maggiore oggettività ai piani di formazione e sviluppo dei dirigenti. Identificazione delle competenze professionali come parametro di riferimento per differenziare gli stipendi di base, la selezione, la formazione e i movimenti del personale.

Moduli o fasi di carriera basati sulle competenze. È il modello del piano o del sistema che abbiamo sviluppato in diverse aziende.

Pertanto, la gestione basata sulle competenze cerca di conciliare le competenze organizzative con le competenze delle persone che fanno parte dell'istituzione e ci sono vari modi per farlo. Reis (2003, p. 10) insegna che "il vantaggio di lavorare con il concetto di competenza è che permette di orientare l'attenzione, concentrando le energie su ciò su cui è necessario lavorare affinché l'azienda raggiunga i suoi obiettivi operativi e strategici".

La retribuzione e la carriera sono un punto che merita di essere evidenziato per i vantaggi che l'istituzione può ottenere con la corretta applicazione della gestione basata sulle competenze in quest'area. Resende (2003) afferma che l'uso di pratiche tradizionali, caratterizzate da politiche deboli e criteri di carriera e retribuzione non obiettivi, causa diversi problemi alle organizzazioni, come insoddisfazione sul lavoro, bassa produttività e qualità, vulnerabilità alle cause legali, spreco di fondi salariali e perdita di buoni dipendenti.

In questo ambito, i progressi che si possono ottenere riformulando la gestione del piano occupazionale e retributivo attraverso una gestione basata sulle competenze e sulle capacità tendono a minimizzare i punti più deboli per avere una gestione più professionale con un senso di consequenzialità, con criteri più equi e trasparenti, con politiche di gestione più ferme e coerenti, ricordando sempre l'importanza del *feedback* (RESENDE, 2002).

La necessità di sfruttare adeguatamente le competenze del personale esistente in azienda richiede un'adeguata gestione delle carriere, al fine di trattenere i talenti sviluppando il loro potenziale, investendo sul personale in modo più oggettivo, trattandoli in modo più appropriato e massimizzando l'uso delle loro conoscenze e competenze (RESENDE, 2002).

Lo sviluppo delle carriere deve avvenire con criteri trasparenti ed equi, per evitare l'insoddisfazione dei dipendenti, creando e utilizzando "strumenti come il profilo professionale con le indicazioni dei requisiti richiesti a chi lo occupa, e la valutazione del potenziale delle persone considerate per la promozione". (RESENDE, 2002, p. 27).

Lo scopo dell'approccio alla gestione delle persone basato sulle competenze in questo argomento è stato quello di dimostrare i suoi concetti di base e come influisce sull'organizzazione quando viene implementato. L'attenzione principale è stata rivolta alla carriera e al corretto utilizzo delle competenze del personale, dato che questo è l'oggetto di analisi di questo studio in relazione alla realtà della Polizia Militare di Santa Catarina.

2.2 Promozione sistematica per merito degli ufficiali PMSC

L'uso di una gestione delle persone basata sulle competenze aggiunge qualità fondamentali e indispensabili a qualsiasi organizzazione. Ciò non è diverso per un'istituzione militare, che ha bisogno di risultati per acquisire e mantenere la propria legittimità derivante dalla fiducia riposta dalla società. Questi risultati eccellenti potranno essere raggiunti solo attraverso la formazione e la motivazione continua del personale.

Uno dei modi per promuovere questa ricerca di formazione professionale e per aumentare la motivazione al lavoro del personale di un'organizzazione è l'aspettativa di avanzamento di carriera. Attualmente, nella PMSC, esistono diverse modalità di promozione degli ufficiali, che avverrà secondo i seguenti criteri, come stabilito dall'art. 62 della Legge n. 6.218/83: merito, anzianità, coraggio, capacità di lavorare e di essere in grado di gestire il personale. 62 della Legge 6.218/83: merito, anzianità, coraggio, "post-mortem", merito intellettuale e requisiti, con passaggio automatico alla riserva retribuita (SANTA CATARINA, 1983c).

In questa sezione si analizzerà il modo in cui si svolge attualmente la promozione per merito degli Ufficiali della Polizia Militare di Santa Catarina. Il concetto di promozione per merito è sancito dal §1 dell'art. 62 della Legge 6.218/83, che recita 62 della legge 6.218/83, che recita come segue:

> Una promozione per merito si basa su un insieme di attributi e qualità che distinguono e valorizzano un militare tra i suoi pari, valutati nel corso della sua carriera e nello svolgimento di incarichi, commissioni e mansioni, in particolare nel grado o nella posizione che ricopre, quando viene inserito nella lista e nominato per la promozione (SANTA CATARINA, 1983c).

Questo concetto non va confuso con il merito intellettuale, che è previsto dal §7 dell'art. 62 della legge citata: "Il merito intellettuale non è una cosa che si può fare". 62 della legge citata: "La promozione per merito intellettuale è quella che avviene al termine di un corso di formazione o di un concorso e si basa sul concetto numerico finale, osservando l'ordine decrescente e il numero dei posti vacanti" (SANTA CATARINA, 1983c).

Dal concetto di promozione per merito si evince che per promuovere un ufficiale si analizzano gli attributi e le qualità che lo contraddistinguono e ne esaltano i valori, in altre parole si misurano le capacità personali che l'ufficiale possiede e ha dimostrato nel corso della sua carriera. Va notato che la valutazione si basa sulle competenze e sulle prestazioni passate, senza però misurare se l'ufficiale è pronto ad assumere un ruolo che richiede nuove competenze professionali e personali diverse da quelle già esercitate.

Inoltre, per la promozione per merito, l'ufficiale deve soddisfare determinati requisiti per essere inserito nella lista di accesso, che si dividono in condizioni di accesso (interstizio, attitudine fisica e peculiarità di ogni grado nei diversi quadri), concetto professionale e concetto morale (SANTA CATARINA, 1983b).

La Commissione per la Promozione degli Ufficiali di Polizia Militare (CPOPM) valuterà il livello professionale e morale degli ufficiali esaminando la documentazione di promozione e le altre informazioni ricevute. La valutazione dei suddetti concetti avviene attraverso le Schede informative in copia unica. Queste sono di natura confidenziale e nemmeno l'ufficiale che ha ricevuto il premio può avere accesso alle informazioni contenute nella scheda (SANTA CATARINA, 1983a).

I moduli vengono compilati una volta a semestre e possono contenere osservazioni che devono essere fatte entro il 30 giugno e il 31 dicembre e inviate al CPOPM entro 10 giorni dalla fine del semestre. Quando il voto riportato sul modulo è insufficiente (inferiore o uguale a 2,00) o eccezionale (uguale o superiore a 5,01), il funzionario che lo rilascia deve giustificarlo (SANTA CATARINA, 1983a).

A sua volta, il quadro di accesso è definito, secondo l'art. 27, § 2 della Legge 6.215/83, come:

> § Il paragrafo 2 e l'elenco degli Ufficiali idonei all'accesso sono il risultato di una valutazione del merito e della qualità richiesta per la promozione, che deve tenere conto, oltre ad altri requisiti
> I - l'efficienza nello svolgimento delle posizioni e degli incarichi, non la loro natura intrinseca o la durata della loro permanenza;
> II - il potenziale per posizioni più elevate;
> III - capacità di leadership, iniziativa e rapidità decisionale;
> IV - i risultati dei corsi di regolamentazione tenuti;
> V - l'importanza dell'Ufficiale tra i suoi colleghi (SANTA CATARINA, 1983b).

Le commissioni di promozione per merito sono elaborate e organizzate dal CPOPM, e "il lavoro di questo organismo che coinvolge la valutazione di merito di un ufficiale PM e la relativa documentazione saranno classificati come riservati" (SANTA CATARINA, 1983b). È importante notare che il CPOPM non si occupa solo delle promozioni per merito, ma di tutti i tipi di promozione degli ufficiali.

Il CPOPM è istituito ai sensi dell'articolo 26 della legge 6.215/83, che recita: "Il CPOPM è stato istituito in conformità all'articolo 26 della legge 6.215/83:

> Art. 26: La Commissione per la promozione degli Ufficiali di PM è permanente, composta da membri naturali e permanenti e presieduta dal Comandante Generale della Corporazione.
>
> § Paragrafo 1 - Il Capo del personale e il Direttore del personale della Corporazione sono membri naturali.
> § Paragrafo 2 - La metà dei Colonnelli della Polizia Militare e altri quattro (4) Ufficiali Superiori della Polizia Militare, che vengono sostituiti annualmente, sono membri effettivi.
> § Paragrafo 3: per la copertura dei posti vacanti per il grado di Colonnello, la Commissione per la Promozione degli Ufficiali Militari (CPOPM) sarà composta esclusivamente da tutti i Colonnelli di pronto impiego della Polizia Militare.
> § Paragrafo 4 - La segreteria del CPOPM sarà affidata a un ufficiale superiore nominato dal Comandante Generale.
> § Paragrafo 5 - I regolamenti di questa legge definiranno i compiti e il funzionamento della CPOPM (SANTA CATARINA, 1983b).

Per poter essere inserito nella commissione di accesso per merito, l'ufficiale deve essere considerato "sufficientemente" meritevole nel giudizio del CPOPM, secondo l'articolo 16 del Decreto statale 19.236/83 (SANTA CATARINA, 1983a). Inoltre, il suddetto Decreto statale stabilisce all'articolo 26 che il giudizio del CPOPM sull'ufficiale ai fini dell'inserimento nel quadro di accesso terrà conto di:

> I - le valutazioni contenute nelle Schede informative;
> II - l'efficienza rivelata nello svolgimento di incarichi e commissioni, in particolare la prestazione nella posizione in questione, di comando,

leadership o direzione;

III - il potenziale per posizioni più elevate;

IV - capacità di leadership, iniziativa e rapidità decisionale;

V - i risultati ottenuti nei corsi di regolamentazione;

VI - i riflettori tra i loro coetanei;

VII - le punizioni subite nel suo incarico;

VIII - scontare una pena detentiva presso il posto di lavoro, o la sospensione dall'esercizio dell'ufficio o della funzione inerente al posto di lavoro;

IX - aspettativa per curare interessi privati. Paragrafo unico - Il giudizio finale dell'Ufficiale di PM ritenuto non idoneo all'accesso, in via provvisoria, deve essere motivato, messo a verbale e presentato al Comandante Generale della Corporazione (SANTA CATARINA, 1983a).

L'articolo 27 del Decreto statale in esame stabilisce che, oltre ai fattori sopra menzionati, per l'ingresso nei gradi di accesso basati sul merito si considerano: concetti, menzioni, anzianità di servizio, ferite in azione, lavori ritenuti utili e approvati dall'organo competente dell'istituzione, medaglie e decorazioni nazionali, referenze lodevoli, risultati eccezionali e altre attività considerate meritorie dalla corporazione (SANTA CATARINA, 1983a).

Allo stesso modo, i fattori indicativi di demerito, come le punizioni, le condanne o il mancato completamento dei corsi da ufficiale, saranno presi in considerazione ai fini dell'emissione del concetto, come previsto dall'art. 28. 28. Si noti inoltre che nel caso di promozioni basate sul merito, il Governatore dello Stato valuterà liberamente il merito degli ufficiali inclusi nella proposta presentata dal Comandante Generale (SANTA CATARINA, 1983a).

L'importanza della promozione per merito nella carriera degli ufficiali si evince dalle disposizioni dell'art. 10 della Legge 6.215/83, che stabilisce le modalità di promozione. 10 della Legge 6.215/83, che stabilisce le modalità di promozione. Questa norma stabilisce che la promozione a sottotenente avverrà in 01 (uno) posto vacante per anzianità e 01 (uno) per merito, per quanto riguarda la promozione a primo tenente ci sarà 01 (uno) per anzianità e 02 (due) per merito, per il capitano ci sarà 01 (uno) per anzianità e 03 (tre) per merito e infine per maggiore, tenente colonnello e colonnello tutto per merito (SANTA CATARINA, 1983b).

L'articolo citato sottolinea con forza l'importanza della promozione basata sul merito per la carriera degli ufficiali, poiché un ufficiale può diventare ufficiale superiore (maggiore, tenente colonnello e colonnello) solo grazie al merito. E per rendere ancora più importante la valutazione del merito da parte del CPCPM, l'art. 31 della legge 6.215/83 prevede che la promozione sia basata sul merito. 31 della legge 6.215/83 stabilisce che:

> Art. 31 Gli ufficiali che non si presentano per tre volte, consecutive o meno, a una commissione di accesso per merito, se a ciascuna di esse ha partecipato un ufficiale più moderno, sono considerati non idonei alla promozione al grado successivo in base al criterio del merito.
>
> Paragrafo 1: Un tenente-cellula che compare in testa alla lista per tre (3) volte consecutive per una promozione per merito non può essere scavalcato (SANTA CATARINA, 1983b).

Da questo articolo si evince che se un ufficiale non compare nella Lista di accesso per merito per tre (3) volte consecutive o non compare con lo stesso ufficiale più moderno, sarà considerato non idoneo alla promozione al grado successivo in base al criterio del merito. Vale la pena notare che non è sufficiente che un ufficiale si presenti nella commissione di accesso per merito, ma che deve avere un concetto favorevole per essere tra i primi gradi con l'obiettivo di essere promosso. Ciò si evince dalle disposizioni degli articoli 49 e 50 del Decreto statale 19.236/83:

> Art.49 - La promozione per merito, fino al grado di tenente colonnello

18

PM compreso, avverrà sulla base della commissione di accesso per merito, secondo i seguenti criteri:

I - per il primo posto vacante, sarà selezionato uno dei due Ufficiali PM che occupano le prime due posizioni della Lista di accesso;

II - per il secondo posto vacante, un ufficiale PM sarà scelto tra i restanti candidati al primo posto, più i due immediatamente successivi;

III - per il terzo posto vacante, un ufficiale PM sarà scelto tra i restanti concorrenti per il secondo posto vacante, più i due immediatamente successivi, e così via.

Paragrafo unico - Non può verificarsi alcuna riduzione del numero di promozioni basate sul merito come conseguenza del fatto che la rispettiva commissione d'accesso abbia un numero di ufficiali PM inferiore al doppio del numero di posti vacanti previsti dal criterio basato sul merito (SANTA CATARINA, 1983a).

Aggiunge:

Art. 50 - La promozione per merito al grado di Colonnello PM avverrà sulla base della Commissione di accesso per merito, secondo i seguenti criteri:

I - per il primo posto vacante, uno dei primi cinque tenenti colonnelli sarà selezionato tra gli idonei alla promozione ed elencati nel QAM;

II - per gli altri posti vacanti, saranno rispettate le disposizioni dei punti II e III.

III dall'articolo precedente (SANTA CATARINA, 1983a).

La media aritmetica dei valori assegnati nelle schede degli Ufficiali per lo stesso grado costituirà il grado concettuale del grado. L'articolo 32 del citato decreto statale stabilisce che questa media aritmetica dei valori sarà assegnata individualmente dai membri della commissione, con valori che vanno <u>da 01 (uno) a 06 (sei). Sono considerati Eccellenti (da 5,01 a 6,0</u>0),

Molto buoni (da 4,01 a 5,00), Buoni (da 3,01 a 4,00), Discreti (da 2,01 a 3,00) e Insufficienti (da 1,00 a 2,00) (SANTA CATARINA, 1983a).

La scheda di promozione sarà costituita dalla somma algebrica del concetto di grado, dei criteri oggettivi di cui agli articoli 27 e 28 del Decreto statale 19.236/83 e del valore numerico ottenuto come risultato del giudizio della CPOPM, stabilendo il punteggio totale e classificando l'ufficiale nella tabella di accesso al merito (SANTA CATARINA, 1983a).

Va notato che la scheda informativa che deve essere compilata dal CPOPM presenta criteri eminentemente soggettivi che hanno un grande peso nell'assegnazione del punteggio totale e nella classificazione dell'ufficiale nella rispettiva commissione di accesso. Questo è il punto cruciale che merita di essere evidenziato e analizzato nel dettaglio al fine di indicare un nuovo format per la promozione di merito degli ufficiali.

2.3 Gestione basata sulle competenze nella promozione per merito degli ufficiali PMSC

I precetti insiti nella gestione basata sulle competenze sono applicabili nell'ambito della gestione del personale, in particolare per quanto riguarda la promozione di carriera. Lo scopo di questo argomento è quello di indicare un adeguamento delle modalità di trattamento della promozione degli ufficiali in base al merito, con l'obiettivo di mantenere i principi di base delle istituzioni militari, aumentare il potere istituzionale e ridurre il verificarsi di distorsioni che possono essere un fattore determinante per lo svolgimento di un servizio eccellente e persino per il mantenimento dei talenti.

Come abbiamo visto, la gestione basata sulle competenze porta numerosi benefici all'istituzione e ai suoi dipendenti. Queste linee guida possono e devono essere applicate nelle istituzioni che aspirano a fornire servizi eccellenti e a far leva sui loro risultati.

La Polizia Militare di Santa Catarina non è da meno e può utilizzare la pratica della gestione basata sulle competenze per diventare un'istituzione più competitiva, legittima e con risultati sostenibili, senza rinunciare alle sue basi istituzionali: gerarchia e disciplina. Questa preoccupazione è dimostrata nel Piano di Comando 2013/2014 della PMSC, che mira, tra l'altro, a essere riconosciuta dalla società come un'istituzione legittima ed efficace che fornisce servizi eccellenti (SANTA CATARINA, 2013).

In questo senso, Chiavenato (2005, p. 7) afferma che "saper raggiungere la competitività non dipende solo dal conquistare, trattenere, applicare, sviluppare, motivare e premiare i talenti, ma soprattutto dalla gestione delle competenze e dal raggiungimento di risultati significativi attraverso di esse". Come è stato dimostrato, la Polizia Militare di Santa Catarina è consapevole di questo fattore e sa che solo attraverso condizioni di lavoro favorevoli e una carriera solida potrà raggiungere gli obiettivi desiderati.

Sulla base di questi obiettivi, il Piano di Comando ha come una delle due principali aree di interesse la "POLIZIA MILITARE" e, inserita in quest'ottica, è la promozione degli Ufficiali, che viene così posta come obiettivo da raggiungere: "garantire che gli Ufficiali siano promossi in base a criteri oggettivamente misurati e basati sul rendimento funzionale, sui valori istituzionali e sulle conoscenze accademiche e tecnico-professionali." (SANTA CATARINA, 2013, p. 25). Va notato che la promozione dei Funzionari avviene nella cosiddetta carriera verticale, che Resende (2002, p. 30-31) spiega "i professionisti sono promossi a posizioni gerarchicamente superiori, il che implica cambiamenti nella natura e nel livello di responsabilità delle posizioni, se soddisfano i requisiti di qualificazione ed esperienza." E aggiunge: "[...] come ricompensa ricevono lo stipendio della nuova posizione".

La retribuzione ha un impatto diretto sulle carriere, dato l'aumento di stipendio per gli ufficiali promossi. Inoltre, per quanto riguarda la retribuzione, il Piano di Comando stabilisce l'obiettivo di realizzare "un sostegno continuo per promuovere lo sviluppo professionale attraverso una retribuzione commisurata all'importanza del lavoro della polizia militare" (SANTA CATARINA, 2013, p. 25).

A questo punto è necessario approfondire i criteri di misurazione e valutazione della performance, che possono essere definiti come a:

> valutazione sistematica delle prestazioni di ogni persona, in base alle attività che svolge, agli obiettivi e ai risultati da raggiungere, alle competenze che offre e al suo potenziale di sviluppo (CHIAVENATO, 2010, p. 241).

Da questo concetto si evince che la valutazione delle prestazioni non serve solo come criterio di misurazione per la promozione, ma anche come *feedback* sulle prestazioni del professionista, in vista di un miglioramento continuo e dei servizi forniti dall'istituzione. Un'analisi del modo in cui gli ufficiali della PMSC vengono promossi per merito mostra che attualmente la corporazione utilizza due criteri principali per la valutazione: oggettivo e soggettivo. I primi sono criteri chiusi, perché la persona valutata o soddisfa i requisiti o non li soddisfa, lasciando da parte la soggettività.

Nel caso della PMSC, i criteri oggettivi sono chiari e coprono le peculiarità di un'organizzazione militare, misurando le medaglie, le decorazioni, i corsi seguiti e completati dall'Ufficiale, nonché il suo sviluppo intellettuale come la laurea, il post-laurea, i master, il dottorato. Tuttavia, un fattore che potrebbe essere aggiunto agli attuali criteri di misurazione oggettivi per la promozione sarebbe l'uso dell'innovativo strumento di gestione del PMSC: *"BI"*.

La BI è uno strumento di *business intelligence* che "mira a supportare il processo decisionale" (SANTA CATARINA, 2013, p. 30). Al giorno d'oggi, questo moderno sistema è più di un semplice supporto al processo decisionale, è uno strumento per misurare i risultati delle più diverse aree del PMSC, supportando i cambiamenti di comportamento per ottenere risultati eccellenti o addirittura il raggiungimento di indici considerati competitivi dall'istituzione.

L'uso della "BI" in modo più mirato, responsabile e anche serio richiede un processo continuo di acculturazione degli ufficiali, che sono i principali manager dell'istituzione. Un modo per accrescere questa consapevolezza è quello di utilizzarla come criterio oggettivo da valutare e misurare per la promozione per merito.

Un punto che vale la pena sottolineare è che le leggi che riguardano la promozione per merito degli ufficiali della Polizia militare di Santa Catarina sono troppo vecchie e devono essere adattate alla nuova realtà che la polizia sta vivendo. Attualmente la valutazione viene effettuata solo dal comandante dell'ufficiale e dal CPOPM. Questa valutazione può portare a disfunzioni che non dimostrano la reale competenza dell'ufficiale e l'ufficiale può essere svantaggiato a un certo punto.

Una possibilità, ampiamente diffusa da autori nel campo dell'amministrazione, per effettuare la valutazione delle prestazioni al fine di evitare e/o minimizzare queste possibili distorsioni sarebbe quella di estenderla oltre al comandante e al CPOPM, anche ai pari grado che lavorano direttamente con lui, e persino ai suoi subordinati. Questo metodo di valutazione delle prestazioni è chiamato valutazione a 360°, che consiste in una valutazione circolare effettuata da tutti coloro che interagiscono in qualche modo con il valutato (CHIAVENATO, 2010).

Secondo Chiavenato (2010, p. 246):

La valutazione effettuata dall'ambiente è più ricca perché produce informazioni diverse da tutti i lati e lavora per garantire l'adattabilità e l'adeguamento del dipendente alle varie richieste che riceve dall'ambiente di lavoro o dai suoi partner.

L'uso della valutazione a 360° tenderebbe a ridurre alcune delle disfunzioni della valutazione dell'ufficiale, adottando una visione olistica. Ad esempio, un ufficiale che non disciplina le sue truppe o è negligente nei suoi compiti potrebbe avere una valutazione più positiva da parte dei suoi subordinati, ma d'altra parte, la valutazione del suo comandante, dei suoi pari e del CPOPM tenderebbe ad essere negativa, perché la persona valutata fallisce in questo aspetto, che è uno dei suoi compiti.

Un'altra opzione è la cosiddetta autovalutazione, che "è un processo in cui la persona valutata analizza le proprie prestazioni utilizzando gli stessi fattori di valutazione o indicatori di prestazione" (CHIAVENATO, 2005, p. 254). In altre parole, si tratterebbe di un ulteriore fattore da valutare nella formulazione del concetto finale dell'Officer.

Ora, il modo in cui vengono attualmente effettuate le promozioni degli ufficiali è ampiamente criticato, poiché la misurazione viene effettuata da un comitato di valutazione delle prestazioni, secondo Chiavenato (2010, p. 247), "nonostante l'ovvia distribuzione delle forze, questa alternativa è ampiamente criticata per il suo aspetto fortemente centralizzante e il suo spirito di giudizio sul passato". E aggiunge: "[...] Per questo motivo, è difficile per il comitato centrale concentrarsi sulla guida e sul miglioramento continuo delle prestazioni". Tuttavia, va sottolineato che la valutazione effettuata dal CPOPM è essenziale, soprattutto in un'organizzazione militare con valori profondamente radicati.

A sua volta, va notato che la valutazione delle prestazioni a 360° è complessa e deve essere molto ben diffusa all'interno dell'organizzazione e allineata con la missione strategica del programma. Inoltre, le competenze trattate nel modulo devono essere allineate con gli obiettivi dell'istituzione e non devono essere così ampie da rendere impossibile collegarle alle prestazioni individuali del valutato (SNELL; BOHLANDER, 2010).

La valutazione a 360° è molto diffusa nel mondo degli affari, soprattutto nelle aziende di successo. Snell e Bohlander (2010, p. 308) spiegano che "[...] più del 90% delle aziende citate tra le 1.000 della rivista Fortune ha implementato una qualche forma di sistema *di feedback* a 360 gradi per lo sviluppo della carriera, la valutazione delle prestazioni o entrambi".

Una valutazione multifattoriale tende a ridurre le distorsioni che possono apparire consciamente o inconsciamente da parte del valutatore. Queste distorsioni di giudizio sono spiegate come segue:

> 1. Consapevolmente: quando il valutatore, con qualsiasi pretesto, "condiziona" un risultato, premeditando intenzionalmente di servire gli interessi in gioco o cercando di aiutare o danneggiare il valutato.
> 2. Inconsapevolmente: Quando il valutatore compie le stesse azioni di prima, ma senza l'intenzione premeditata e dolosa di provocare un cambiamento nel risultato originale (MARRAS, 2011, p. 171).

Un altro adattamento che deve essere ripensato è che al giorno d'oggi il concetto dato ai funzionari attraverso il modulo di valutazione è confidenziale. Ciò impedisce al valutato di ricevere *un feedback* sulla propria *prestazione* lavorativa, *in modo da* poter riflettere sui miglioramenti da apportare per migliorare le proprie prestazioni nella valutazione successiva. In questo senso, Snell e Bohlander (2010, p. 300) insegnano che "[...] le valutazioni forniscono un *feedback* essenziale per discutere i punti di forza e di debolezza dei dipendenti e per migliorare le prestazioni".

Per quanto riguarda i criteri di valutazione, sarebbe necessario ripensare le competenze da valutare per adattarle alla realtà attuale degli ufficiali. È necessario formulare schede di valutazione diverse per ogni incarico ricoperto, poiché le responsabilità sono diverse e così anche le competenze che ci si aspetta dalla persona valutata.

L'applicazione deve essere differenziata anche per quanto riguarda le aree intermedie e operative, a causa delle peculiarità di ciascuna di esse e del servizio svolto dall'Ufficiale. In quest'ottica, Lucena (1999, p. 101) spiega:

> La strutturazione e la descrizione delle posizioni sono fasi della pianificazione organizzativa che cercano, sulla base della missione e delle aree di responsabilità di ciascuna unità organizzativa, di stabilire le posizioni di lavoro, i loro compiti, le responsabilità e le autorità. Le descrizioni delle posizioni di lavoro specificano anche l'ambito di applicazione di ciascuna posizione, il contributo atteso e le competenze professionali e personali richieste per svolgere il lavoro.

A questo punto, diventa evidente la possibilità di adattare la promozione meritocratica degli Ufficiali di Polizia Militare ai dettami della gestione per competenze, poiché ogni grado richiede comportamenti e competenze diverse. E per ogni attività svolta, sia in ambito intermedio che operativo, è necessario stabilire diversi criteri di misurazione.

Come è stato dimostrato, non è sufficiente adattare il metodo di valutazione; il corretto sviluppo dei fattori di valutazione soggettivi è fondamentale per l'azienda e i suoi funzionari. Chiavenato (2005, p. 263) spiega così la questione:

> Recenti ricerche hanno dimostrato una correlazione positiva tra le aziende di successo e la presenza di procedure di valutazione delle prestazioni del personale. Queste aziende di successo si concentrano maggiormente su sistemi di valutazione delle prestazioni incentrati sui risultati ottenuti in base alle aspettative precedentemente negoziate e stabilite tra valutatore e valutato, piuttosto che sulle caratteristiche personali del valutato.

Inoltre, questi dettami devono essere basati sul principio della pubblicità. Se i fattori sono ben diffusi e conosciuti da tutti, l'Ufficiale da valutare è consapevole delle competenze attese e anche di quali devono essere sviluppate.

Un punto di contrasto nella valutazione del merito degli ufficiali PMSC è la possibilità che l'ufficiale con il miglior concetto non venga promosso. Ciò è dovuto alla disposizione secondo cui la decisione di scegliere è presa dal Governatore dello Stato attraverso la lista inviata dal CPOPM. Questa disposizione avrebbe dovuto essere adattata nel senso che il Governatore avrebbe autorizzato i posti vacanti per la promozione, ma la decisione sarebbe stata presa dall'istituzione dopo il completamento del processo di determinazione del concetto, e le promozioni sarebbero state fatte in base al merito nell'ordine determinato dal Comandante Generale della PMSC.

3 CONSIDERAZIONI FINALI

La gestione basata sulle competenze è un tema attuale e diffuso nel settore aziendale. La sua applicabilità è complessa e richiede cambiamenti significativi nelle tendenze e nelle pratiche organizzative, soprattutto in un'istituzione militare. Tuttavia, è una valida alternativa per ottenere eccellenti risultati organizzativi e personali.

La prima parte dello studio mirava a spiegare cos'è la gestione basata sulle competenze, i suoi scopi e vantaggi per l'organizzazione, nonché la complessità della sua applicazione. La seconda parte è stata un'indagine giuridica su come vengono attualmente trattate le promozioni per merito degli ufficiali PMSC, evidenziandone le peculiarità e gli argomenti più delicati.

Infine, sono state presentate alcune alternative per riformulare i criteri e il sistema di promozione al fine di rendere possibile il loro trattamento secondo le linee guida della gestione basata sulle competenze. È stato inoltre dimostrato che la gestione basata sulle competenze è flessibile e può essere adattata a qualsiasi settore, compreso quello militare. Inoltre, ha la capacità di aggiungere risultati di eccellenza all'organizzazione, che di conseguenza si riflette nella fornitura dei suoi servizi alla società.

Analizzare la fattibilità dell'applicazione della gestione basata sulle competenze alla promozione per merito degli ufficiali della Polizia Militare di Santa Catarina si rivela un'alternativa efficace per riformulare il processo di promozione degli ufficiali, rendendo i criteri più equi e conosciuti. Questa misura eviterebbe distorsioni che potrebbero limitare la carriera del professionista o addirittura causare malcontento che si ripercuoterebbe sul suo rendimento e interferirebbe con i risultati dell'istituzione. Inoltre, ridurrebbe il rischio di perdere ufficiali di talento.

Si conclude che la promozione degli ufficiali in base al merito deve essere riformulata e può essere basata sui dettami della gestione per competenze, al fine di ottenere risultati eccellenti nella fornitura di servizi alla società. L'analisi effettuata mostra che, per adattarsi alla gestione basata sulle competenze, il processo di promozione al merito degli ufficiali deve essere studiato a fondo in termini di criteri da misurare per formare il concetto di ufficiale. Le valutazioni dovrebbero basarsi su competenze ben definite in base all'incarico da ricoprire e distinguendo tra aree operative e amministrative.

È necessario adattare il sistema per rendere la valutazione più ampia ed equa, con l'obiettivo di fornire un *feedback* e favorire il processo di miglioramento continuo dell'ufficiale. Un altro punto che vale la pena sottolineare è l'inclusione dei risultati della "BI" nei criteri di valutazione delle prestazioni, al fine di massimizzare l'uso di questo strumento.

ALLEGATOI

LEGGE N. 6.215, DEL 10 FEBBRAIO 1983

Origine: Governo

Natura: PL 14/83

DO: 12.153 del 11/02/83

Parzialmente modificato dalle Leggi: 6.703/85; LC 130/94; 13.569/05

Cfr. LC 370/07

Parzialmente abrogato da LC 130/94

Decreti di regolamentazione: 19.236-(14/03/83); 3676-(9/11/05)

NOTA: Il Decreto: 19.236-(14/03/83) è stato modificato dai Decreti: 22758-(24/04/84); 22105-(29/05/84); 24516-(21/12/84); 31729-(12/03/87); 1477-(6/04/88); 926-(05/12/07); 801-(12/04/96); 216-(13/07/95); 729-(20/10/07); 153-(24/05/95)

Fonte: Documentazione ALESC/Div.

Prevede la promozione degli ufficiali della Polizia militare dello Stato e altre misure.

IL GOVERNATORE DELLO STATO DI SANTA CATARINA,

Informo tutti gli abitanti di questo Stato che l'Assemblea legislativa ha promulgato e io approvo la seguente legge:

CAPITOLO I

GENERALITÀ

Art. 1 La presente legge stabilisce i criteri e le condizioni che assicurano agli agenti della Polizia militare dello Stato di Santa Catarina l'accesso alla gerarchia militare-poliziesca attraverso una promozione selettiva e graduale. 1 La presente legge stabilisce i criteri e le condizioni che assicurano agli ufficiali dei ranghi attivi della Polizia Militare dello Stato di Santa Catarina l'accesso alla gerarchia militare-poliziesca attraverso una promozione selettiva, graduale e successiva.

Art. 2 La promozione è un atto amministrativo e il suo scopo fondamentale è la copertura selettiva dei posti vacanti al livello gerarchico superiore, sulla base dell'organico stabilito dalla legge, per i diversi quadri. 2 La promozione è un atto amministrativo e il suo scopo fondamentale è la copertura selettiva dei posti vacanti al livello gerarchico superiore, sulla base delle dotazioni di personale stabilite dalla legge, per i diversi quadri.

Art. 3 La forma graduale e successiva risulterà dalla pianificazione delle carriere per gli ufficiali della polizia militare, organizzata nella MP. 3 La forma graduale e successiva risulterà dalla pianificazione della carriera degli ufficiali della polizia militare, organizzata nella MP.

Paragrafo 1. La pianificazione così effettuata deve garantire un flusso di carriera regolare ed equilibrato.

CAPITOLO II

CRITERI DI PROMOZIONE

Art. 4 4 Le promozioni vengono effettuate sulla base di :

a) - anzianità;

b) - merito;

c) - per il coraggio;

d) - "post-mortem".

Paragrafo unico. In casi straordinari, può essere prevista una promozione per compensare la perdita.

Art. 5 La promozione per anzianità si basa sulla precedenza gerarchica di un ufficiale OM rispetto ad altri di pari grado dello stesso quadro. 5 La promozione per anzianità si basa sulla precedenza gerarchica di un ufficiale OM rispetto ad altri di pari grado all'interno dello stesso quadro.

Art. 6 - La promozione per merito si basa sull'insieme degli attributi e delle qualità che contraddistinguono e valorizzano l'Ufficiale di PM tra i suoi pari, valutati nel corso della carriera e nell'espletamento degli incarichi e delle cariche ricoperte in particolare, al momento della valutazione per la promozione.

Art. 7: La promozione per coraggio è quella che deriva da uno o più atti di coraggio e audacia, che superano i normali limiti dell'adempimento del dovere e rappresentano atti indispensabili o utili nelle operazioni di polizia-militare. 7: La promozione per coraggio è quella che deriva da uno o più atti di coraggio e audacia, che superano i normali limiti dell'adempimento del dovere e rappresentano atti indispensabili o utili nelle operazioni di polizia-militari, per i risultati raggiunti o per l'esempio positivo che danno.

Art. 8: La promozione "post mortem" è quella che mira a esprimere il riconoscimento dello Stato nei confronti dell'Ufficiale di PM deceduto in servizio o in conseguenza di esso, oppure a riconoscere il diritto dell'Ufficiale di PM a cui spettava la promozione, non esercitato per decesso.

Art. 9 - La promozione a titolo di indennizzo per il rinvio è effettuata dopo che l'Ufficiale PM che ha ottenuto il rinvio è stato riconosciuto come avente diritto alla promozione che gli spetterebbe. 9 - La promozione a titolo di indennizzo per la rinuncia viene effettuata dopo che all'Ufficiale di PM che ha subito la rinuncia è stato riconosciuto il diritto alla promozione che gli sarebbe spettata.

Comma unico. La promozione di cui al presente articolo avverrà secondo i criteri di anzianità o di merito, con attribuzione all'Ufficiale di PM del numero che gli spetta nella scala gerarchica, come se fosse stato promosso a suo tempo, senza alcuna modifica degli atti precedenti.

Art. 10: Le promozioni vengono effettuate:

a) per i posti vacanti di sottotenente PM, secondo il criterio dell'anzianità;

b) per i posti vacanti di Tenente PM, Capitano PM, Maggiore PM e Tenente Colonnello PM, secondo i criteri di anzianità e di merito, secondo la proporzionalità tra loro stabilita dalle norme della presente legge;

c) per i posti vacanti di colonnello PM solo in base al criterio del merito.

Comma unico. Quando un Ufficiale PM presenta domanda di promozione in base a entrambi i criteri, il posto vacante per anzianità può essere occupato in base al criterio di merito, senza pregiudicare il calcolo delle future quote di merito.

LC N° 130/94 (Art.3) - (DO. 15.054 del 16/11/94)

L'articolo 10 ... della legge n. 6.215, del 10 febbraio 1983, recita come segue:

"Art. 10 Le promozioni saranno effettuate, nei rispettivi quadri, in base al numero di posti vacanti, come segue:

I - a Sottotenente, 01 (uno) per anzianità e 01 (uno) per merito;

II - a 1° Tenente, uno (01) per anzianità e due (02) per merito;

III - a Capitano, 01 (uno) per anzianità e 03 (tre) per merito;

IV - Maggiore, tenente colonnello e colonnello, tutti per merito.

Le disposizioni del punto I del presente articolo non si applicano al Consiglio degli Ufficiali Ausiliari, istituito dalla Legge complementare n. 082 del 18 marzo 1993".

CAPITOLO III

CONDIZIONI DI BASE

Art. 11: L'ingresso nella carriera di Ufficiale di PM avviene nei gradi iniziali, secondo quanto previsto dalla normativa specifica di ciascun Quadro, al raggiungimento dei requisiti di legge. 11: L'ingresso nella carriera di Ufficiale di PM avviene nei gradi iniziali, come previsto dalla normativa specifica per ciascun quadro, una volta soddisfatti i requisiti di legge.

Paragrafo unico. L'ordine gerarchico in cui gli Ufficiali PM sono collocati nei gradi iniziali è il risultato della loro classificazione in un corso o in un concorso.

Art. 12: Nessun ufficiale di PM sarà promosso in seguito a trasferimento nella riserva o a pensionamento. 12: Nessun ufficiale di PM sarà promosso in seguito a trasferimento nella riserva retribuita o a pensionamento.

Art. 13: Per essere promosso in base all'anzianità o al merito, l'ufficiale PM deve essere inserito nella lista di accesso (AQ). 13: Per poter essere promosso in base all'anzianità o al merito, è essenziale che l'ufficiale PM sia inserito nella lista di accesso (AQ).

Art. 14: Per entrare a far parte del Consiglio di adesione, l'Ufficiale di PM deve essere in possesso dei seguenti requisiti essenziali, stabiliti per ciascun grado: - essere in possesso di un'autorizzazione all'esercizio della professione. 14: Per entrare a far parte del Consiglio di adesione, l'Ufficiale di

PM deve possedere i seguenti requisiti essenziali, stabiliti per ciascun grado:

I - Condizioni di accesso:

a) interstizio;

b) forma fisica;

c) quelle peculiari di ciascun incarico nei diversi quadri;

II - Concetto professionale;

III - Concetto morale.

Comma unico. I regolamenti della presente legge definiscono e dettagliano le condizioni di accesso e le procedure di valutazione dei concetti professionali e morali.

Art. 15: Il sottufficiale che ricopre un incarico di polizia militare, o un incarico considerato di polizia militare, può essere promosso in base a qualsiasi criterio, fatto salvo il numero di concorrenti regolarmente stipulato. 15: Il sottufficiale che ricopre un incarico di polizia militare, o un incarico considerato di polizia militare, può essere promosso in base a qualsiasi criterio, fatto salvo il numero di concorrenti regolarmente stabilito.

Art. 16: Gli ufficiali PM che ritengono di essere stati svantaggiati dalla composizione di una commissione d'accesso, nel loro diritto alla promozione, possono ricorrere al Comandante generale della Corporazione, come ultima istanza in ambito amministrativo. 16: Gli Ufficiali di PM che ritengono di essere stati svantaggiati dalla composizione di una Commissione d'accesso, nel loro diritto alla promozione, possono ricorrere al Comandante Generale della Corporazione, come ultima istanza in ambito amministrativo.

§ Per presentare ricorso, l'Ufficiale PM avrà 15 (quindici) giorni di calendario dal ricevimento della comunicazione ufficiale dell'atto che ritiene lesivo, o dalla conoscenza, nell'OPM in cui presta servizio, della pubblicazione ufficiale al riguardo.

§ Paragrafo 2. I ricorsi relativi alla composizione della Commissione di accesso e alla promozione devono essere risolti entro un massimo di 30 (trenta) giorni dalla data di ricezione.

Art. 17: L'Ufficiale PM sarà indennizzato per la decadenza, finché il suo diritto alla promozione sarà riconosciuto, quando 17: L'Ufficiale di PM sarà compensato per la decadenza, finché il suo diritto alla promozione è riconosciuto, quando:

a) - ha un esito favorevole al ricorso;

b) - cessano di essere mancanti o persi;

c) - viene assolto con sentenza definitiva o prosciolto dal caso per il quale è detenuto;

d) - è giustificato dal Consiglio di giustificazione;

e) - è stato danneggiato da un comprovato errore amministrativo.

CAPITOLO IV

ELABORAZIONE DELLE PROMOZIONI

Art. 18: L'atto di promulgazione avverrà con decreto del Governatore dello Stato di Santa Catarina.

§ Paragrafo 1. L'atto di promozione al grado iniziale della carriera e gli atti di promozione a tale grado e al primo grado di Ufficiale superiore comportano il rilascio di una lettera di brevetto da parte del Governatore dello Stato di Santa Catarina.

§ Paragrafo 2. La promozione ad altri gradi deve essere apostillata all'ultimo grado rilasciato.

Art. 19: Nei vari Consigli, i posti vacanti da prendere in considerazione per la promozione provengono da 19: Nei diversi Consigli, i posti vacanti da prendere in considerazione per la promozione provengono da:

a) - promozione al grado superiore;

b) - aggregazione;

c) - transizione verso l'inattività;

d) - licenziamento;

e) - morte;

f) - aumento del personale.

§ Paragrafo 1 I posti vacanti sono considerati aperti:

a) - alla data di sottoscrizione dell'atto che promuove, aggiunge, passa inattività o licenzia, a meno che non sia stabilita una data diversa nell'atto stesso;

b) - alla data ufficiale del decesso;

c) - come previsto dalla legge, in caso di aumento del personale.

§ Paragrafo 2 - Ogni posto vacante in un determinato posto comporta la creazione di posti vacanti nei posti inferiori, e questa sequenza si interrompe al posto in cui c'è un'eccedenza.

§ Paragrafo 3. Si terrà conto anche dei posti vacanti derivanti da trasferimenti "d'ufficio" alla riserva retribuita, già previsti, fino alla data di promozione inclusa.

§ Il paragrafo 4 non si applica a un ufficiale PM che, mentre è distaccato, viene promosso e rimane nella stessa posizione.

LEGGE N. 6.703/85 (Art. 1) - (DO- 12.854 del 11/12/85)

All'articolo 19 del a Legge n. 6.215 del 10 febbraio 1983 è aggiunto il comma 5, che recita come segue:

"Art. 19 ....

§ Comma 5 - Le aggregazioni risultanti dall'applicazione dell'articolo 94 della legge n. 6.218 del 10 febbraio 1983 non aprono posti vacanti ai fini della promozione".

Art. 20: Le promozioni saranno effettuate annualmente, per anzianità o merito, il 31 gennaio, il 5 maggio e il 25 agosto.

LEGGE 13.569/05 (Art. 1) - (DO. 17.766 del 23/11/05)

Il capoverso dell'art. 20 della Legge n. 6.215 del 10 febbraio 1983 entra in vigore con la seguente formulazione 20 della legge 10 febbraio 1983, n. 6.215, entra in vigore con la seguente formulazione:

"Art. 20: Le promozioni saranno effettuate annualmente, per anzianità o merito, il 31 gennaio, il 5 maggio, l'11 agosto e il 25 novembre".

Comma unico. L'anzianità di grado si computa a partire dalla data dell'atto di promozione, ad eccezione dei casi in cui sia stato detratto del tempo non computabile ai sensi dello Statuto della Polizia Militare e delle promozioni post mortem, per coraggio e per compensare la preterminazione, quando può essere fissata un'altra data.

Art. 21: La promozione per anzianità in qualsiasi quadro avviene nella sequenza dei rispettivi quadri di accesso all'anzianità. 21: La promozione per anzianità in qualsiasi quadro avviene secondo la sequenza della rispettiva anzianità di accesso al quadro.

Art. 22: La promozione per merito si basa sulla tabella di accesso per merito, in conformità con le norme della presente legge.

Art. 23: La promozione per un atto di coraggio, ai sensi dell'art. 23: La promozione per un atto di coraggio, ai sensi dell'art. 7 della presente Legge, sarà effettuata dal Governatore dello Stato, se praticata: - in un'occasione di lavoro o in un'altra. 7 della presente Legge, sarà effettuata dal Governatore dello Stato, se praticata:

I - a sostegno della Difesa Interna e della Difesa del Territorio, la Polizia Militare è utilizzata come Forza Ausiliaria, una riserva dell'Esercito.

II - nel mantenimento dell'ordine pubblico.

§ Paragrafo 1. L'atto di coraggio, considerato altamente meritorio, è quello che viene determinato in un'indagine condotta da un Consiglio Speciale nominato a questo scopo dal Comandante Generale.

§ Paragrafo 2. In caso di promozione per coraggio, non si applicano i requisiti per la promozione con un altro criterio stabiliti dalla presente legge.

§ Paragrafo 3. L'ufficiale promosso avrà la possibilità, se del caso, di soddisfare le condizioni per l'accesso al grado a cui è stato promosso, in conformità alle norme della presente legge.

Art. 24: La promozione "post mortem" è effettiva quando l'Ufficiale muore in una delle seguenti situazioni 24: La promozione "post mortem" è effettiva quando l'Ufficiale muore in una delle seguenti situazioni.

a) - in un'azione di mantenimento dell'ordine pubblico;

b) - a seguito di ferite ricevute nel mantenimento dell'ordine pubblico, o di malattie o infermità contratte in questa situazione, o da essa causate;

c) - a seguito di un infortunio in servizio, secondo la definizione del Comandante Generale, o a seguito di malattia, infermità o malattia che abbia una sua causa efficiente.

§ L'ufficiale sarà promosso anche se, al momento del decesso, soddisfaceva le condizioni di accesso e faceva parte del gruppo di coloro che erano in corsa per la promozione in base ai criteri di anzianità o di merito.

§ Paragrafo 2 La promozione derivante da una delle situazioni di cui alle lettere "a", "b" e "c" dell'intestazione del presente articolo sarà indipendente da quella prevista al paragrafo 1.

§ Paragrafo 3. I casi di morte per malattia, infermità o malattia di cui al presente articolo saranno comprovati da un certificato di origine, da un'indagine sanitaria di origine, e i termini dell'incidente, le dimissioni ospedaliere, i documenti di trattamento nei reparti e negli ospedali saranno utilizzati come mezzi sussidiari per chiarire la situazione.

§ Paragrafo 4. In caso di morte dell'ufficiale, la promozione al valore esclude la promozione "post mortem" che deriverebbe dalle conseguenze dell'atto di coraggio.

CAPITOLO V

IL COMITATO DI PROMOZIONE DEGLI UFFICIALI

Art. 25: La Commissione per la promozione degli ufficiali di PM (CPOPM) è l'organo responsabile delle promozioni degli ufficiali di PM. 25: La Commissione per la promozione degli ufficiali di PM (CPOPM) è l'organo responsabile dell'elaborazione delle promozioni degli ufficiali di PM.

Paragrafo unico: il lavoro di questo organo, che prevede la valutazione del merito di un PM Officer e la relativa documentazione, sarà classificato come riservato.

Art. 26: La Commissione per la promozione degli Ufficiali di PM è permanente, composta da membri naturali e permanenti e presieduta dal Comandante Generale della Corporazione.

§ Paragrafo 1 - Il Capo del personale e il Direttore del personale della Corporazione sono membri naturali.

§ Paragrafo 2 - La metà dei Colonnelli della Polizia Militare e altri quattro (4) Ufficiali Superiori della Polizia Militare, che vengono sostituiti annualmente, sono membri effettivi.

§ Paragrafo 3: per la copertura dei posti vacanti per il grado di Colonnello, la Commissione per la Promozione degli Ufficiali Militari (CPOPM) sarà composta esclusivamente da tutti i Colonnelli di pronto impiego della Polizia Militare.

§ Paragrafo 4 - La segreteria del CPOPM sarà affidata a un ufficiale superiore nominato dal Comandante Generale.

§ Paragrafo 5 - I regolamenti della presente legge definiscono i compiti e il funzionamento del CPOPM.

CAPITOLO VI

PANNELLI DI ACCESSO

Art. 27 - Le Commissioni d'accesso sono elenchi di Ufficiali delle diverse Commissioni organizzate per grado per la promozione per anzianità - Commissione d'accesso per anzianità (QAA) e per merito (QAM), previste dagli articoli 5 e 6 della presente legge.

§ Paragrafo 1 - La lista di accesso per anzianità è l'elenco degli Ufficiali aventi diritto all'accesso, disposti in ordine decrescente di anzianità.

§ Paragrafo 2 La Lista di accesso per merito è l'elenco degli Ufficiali idonei all'accesso ed è il risultato di una valutazione del merito e della qualità richiesta per la promozione, che deve tenere conto, oltre che di altri requisiti

I - l'efficienza nello svolgimento delle posizioni e degli incarichi, non la loro natura intrinseca o la durata della loro permanenza;

II - il potenziale per posizioni più elevate;

III - capacità di leadership, iniziativa e rapidità decisionale;

IV - i risultati dei corsi di regolamentazione tenuti;

V - la posizione di rilievo dell'Ufficiale tra i suoi colleghi.

§ Paragrafo 3. Le commissioni di accesso per anzianità e merito saranno organizzate per ogni data di promulgazione nel modo stabilito dalle norme della presente legge.

Art. 28: Solo gli ufficiali in possesso dei requisiti per l'accesso e che rientrano nei limiti quantitativi di anzianità previsti dalle norme della presente legge saranno inseriti dal CPOPM nella lista di studio per l'inserimento nei gradi di accesso. 28: Solo gli ufficiali che soddisfano i requisiti per l'accesso e rientrano nei limiti quantitativi di anzianità previsti dal regolamento della presente legge saranno inseriti dal CPOPM in un elenco di studio per l'inserimento nei ranghi di accesso.

Comma unico. I limiti percentuali di promozione per anzianità di cui al presente articolo hanno lo scopo di stabilire, per grado nelle Commissioni, i gradi degli Ufficiali che concorrono a comporre le Commissioni di accesso.

Art. 29: Un funzionario non può far parte di una commissione per l'accesso quando 29: Un funzionario non può essere incluso in nessuna Commissione d'accesso quando:

I - non soddisfa le condizioni richieste dall'articolo 14(I);

II - è considerato non idoneo all'ingresso provvisorio, a discrezione della Commissione per la Promozione degli Ufficiali, perché presumibilmente non in grado di soddisfare uno dei requisiti di cui all'articolo 14, paragrafi II e III;

LC N° 130/94 (Ar.3) - (DO. 15.054 del 16/11/94)

... il punto II dell'articolo 29 della legge n. 6.215 del 10 febbraio 1983, recita come segue:

Art. 29 ....

II - è condannato, per la durata della pena principale, escluso il periodo eccedente di sospensione condizionale, se concesso".

III - è arrestato in custodia cautelare o in flagranza di reato, purché l'arresto non sia stato revocato;

IV - è soggetto a un Consiglio di giustificazione ex-officio;

V - è incriminato in un procedimento penale, purché non sia stata emessa una sentenza definitiva;

VI - è condannato, per tutta la durata della pena, anche in caso di sospensione condizionale della stessa, e il tempo aggiunto alla pena originaria ai fini della sua sospensione condizionale non è computato;

VII - è in permesso per curare un interesse privato;

VIII - è condannato alla sospensione dall'esercizio del grado, dell'ufficio o della funzione, come previsto dal Codice Penale Militare, durante il periodo di sospensione;

IX   - è considerato mancante;

X   - è considerato perso;

XI - è considerato deserto;

XII - è arrestato preventivamente a seguito di un'indagine della polizia militare;

XIII- è in debito con il Tesoro pubblico, per estensione.

LC N° 130/94 (Art.15) - (DO. 15.054 del 16/11/94)

"Le sottosezioni IV, V, XII e XIII dell'articolo 29 della legge n. 6.215 del 10 febbraio 1983 sono abrogate".

§ Paragrafo 1 - Gli Ufficiali che si rendono colpevoli del punto II del presente articolo sono soggetti a un Consiglio di giustificazione d'ufficio".

§ Paragrafo 2 - Una volta ricevuta la relazione del Consiglio di giustificazione, istituito ai sensi del paragrafo precedente, il Governatore dello Stato, nella sua decisione, se del caso, considererà l'ufficiale non qualificato per l'accesso su base definitiva, in conformità con la legislazione specifica.

§ Paragrafo 3. L'ufficiale che incorre in una delle circostanze di cui al presente articolo, o che incorre anche in una delle circostanze di cui al presente articolo, è escluso da qualsiasi commissione d'accesso:

a) - è indebitamente incluso in esso;

b) - è morto;

c) - andare in inattività.

Art. 30 L'ufficiale che si arruola o viene arruolato è escluso o non può essere inserito nella graduatoria di accesso per merito già organizzata:

I - a causa di un congedo per curare la salute di un familiare, per un periodo pari o superiore a 6 (sei) mesi continuativi;

II - in virtù di una carica o funzione pubblica civile temporanea e non elettiva, comprese le Amministrazioni Indirette e le Fondazioni istituite dallo Stato;

III - per essere entrato al servizio di un governo federale, statale o municipale per svolgere una funzione civile.

Per poter essere incluso o reinserito nel quadro di accesso basato sul merito, l'ufficiale di cui al presente articolo deve rientrare nel Corpo almeno 90 giorni prima della data di promozione.

Art. 31 L'ufficiale che non si presenta per tre volte a una commissione di accesso per merito, se a ogni commissione ha partecipato un ufficiale più moderno, è considerato non idoneo alla promozione al grado successivo. 31 L'ufficiale che non si presenta per tre volte, consecutive o meno, a una commissione di accesso per merito, se a ogni commissione ha partecipato un ufficiale più moderno, è considerato non idoneo alla promozione al grado successivo in base al criterio del merito.

Paragrafo 1: Il tenente colonnello che si presenta in testa alla graduatoria per tre (3) volte consecutive per la promozione per merito non può essere scavalcato.

Art. 32 Gli ufficiali che sono stati promossi indebitamente diventeranno eccedenti. 32 Gli ufficiali che sono stati promossi indebitamente diventeranno eccedenti.

Paragrafo 1: L'ufficiale conta l'anzianità e riceve il numero che gli corrisponde nella scala gerarchica, quando il posto vacante da coprire corrisponde al criterio con cui dovrebbe essere promosso, a condizione che soddisfi i requisiti per la promozione.

Art. 33 I funzionari sono considerati privi di titolo per l'accesso in via permanente solo quando si trovano nella situazione prevista dal § 2 dell'art. 29 della presente legge. 29 della presente legge.

CAPITOLO VII

DISPOSIZIONI FINALI E TRANSITORIE

Art. 34 Le disposizioni della presente legge si applicano agli aspiranti ufficiali PM, per quanto di loro competenza. 34 Le disposizioni della presente legge si applicano agli aspiranti ufficiali PM, per quanto di loro competenza.

Art. 35 L'esecutivo è autorizzato a regolamentare la presente legge entro 60 (sessanta) giorni dalla sua pubblicazione. 35 L'Esecutivo è autorizzato a regolamentare la presente legge entro 60 (sessanta) giorni dalla sua pubblicazione.

Art. 36 Gli ufficiali del Servizio Sanitario che, alla data di approvazione della presente legge, abbiano maturato 8 (otto) o più anni di servizio nel grado di Maggiore o di Capitano nel suddetto Servizio, saranno promossi al grado successivo, per anzianità, indipendentemente dalla presenza di posti vacanti dopo aver maturato 10 anni di servizio effettivo.

Art. 37 La presente legge entra in vigore il giorno della sua pubblicazione.

Art. 38 La legge n. 4.558 del gennaio 1971 e altre disposizioni contrarie sono abrogate.

Palazzo del Governo di Florianopolis, 10 febbraio 1983

HENRIQUE HELION VELHO DE CORDOVA

Governatore dello Stato

RIFERIMENTI

ANDRADE, Rui Otavio Bernardes de; AMBONI, Nerio. **Strategie di gestione**: processi e funzioni dell'amministratore. Rio de Janeiro: Elsevier, 2010.

CHIAVENATO, Idalberto. **Gestire con le persone**: trasformare il dirigente in un eccellente people manager. Rio de Janeiro: Elsevier, 2005.

CHIAVENATO. Idalberto. **Gestione delle persone**. 3. ed. Rio de Janeiro: Elsevier, 2010.

GIRARDI, Dante et al. La gestione delle persone nelle organizzazioni imprenditoriali. In: LAPOLLI, Edis Mafra et al. (org.). **Gestao de pessoas em Organizapoes Empreendedoras**. Florianopolis: Pandion, 2009, p. 2141.

LAPOLLI, Juliana; SILVA, Gleice Schurhaus da; SANTO, Rosana Goulart do Espirito. Il processo di selezione nelle organizzazioni imprenditoriali. In: LAPOLLI, Edis Mafra et al. (org.) **Gestao de pessoas em Organizapoes Empreendedoras**. Florianopolis: Pandion, 2009, pagg. 91-111.

LUCENA, Maria Diva da Salete. **Pianificazione delle risorse umane**. San Paolo: Atlas, 1999.

MACHADO, Edson Valdir; MELCHERT, Gisele Schmidt; MAKUFKA, Merilin. QUADRI DI NEWTON: un caso di gestione odierna. In: LAPOLLI, Juliana; LAPOLLI, Edis Mafra (org.) **Gestao de pessoas na actualidade**: investindo no capital humano. Florianopolis: Pandion, 2011, p. 185-199.

MARRAS, Jean Pierre. **Gestione delle risorse umane**: da operativa a strategica. 14. ed. San Paolo: Saraiva, 2011.

MICHAELIS. Dizionario moderno (online). Disponibile all'indirizzo: <http://michaelis.uol.com.br/moderno/portugues/index.php?lingua=portugues-portugues&palavra=gest%E3o>. Consultato il: 31 agosto 2014.

RABAGLIO, Maria Odete. **Selezione per competenza**. San Paolo: Educator, 2001.

REIS, Valeria dos. **Il colloquio di selezione con particolare attenzione alle competenze comportamentali**. Rio de Janeiro: Qualitymark, 2003.

RESENDE, Enio. **Il libro delle competenze**: Sviluppare le competenze: Il miglior auto-aiuto per individui, organizzazioni e società. 2. ed. Rio de Janeiro: Qualitymark, 2003.

RESENDE, Enio. **Retribuzione e carriera basate su competenze e abilità**. Rio de Janeiro: Qualitymark, 2002.

RUANO, Alessandra Martinewski. La **gestione basata sulle competenze**: una prospettiva per il consolidamento della gestione strategica delle risorse umane. Rio de Janeiro: Qualitymark, 2003.

SANTA CATARINA (Stato). Segreteria di Stato per la Sicurezza Pubblica. Polizia militare di Santa Catarina. **Piano di comando**: Polizia Militare di Santa Catarina. Florianopolis: PMSC, 2013.

SANTA CATARINA (Stato). Segreteria di Stato per la Sicurezza Pubblica. Polizia militare di Santa Catarina. **Piano strategico**: Polizia Militare di Santa Catarina. 3.ed. Florianopolis: PMSC, 2015.

SANTA CATARINA (Stato). Decreto n. 19.236, del 14 marzo 1983a. Regola la legge sulla promozione degli ufficiali della Polizia Militare dello Stato. Disponibile all'indirizzo: <http://www.pge.sc.gov.br/index.php/legislacao-estadual- pge>. Consultato il: 3 agosto 2014.

SANTA CATARINA (Stato). Legge n. 6.215 del 10 febbraio 1983b. Prevede la promozione degli ufficiali della Polizia Militare dello Stato e altre misure. Disponivel em: <http://200.192.66.20/alesc/docs/1983/6218_1983_lei.doc>. Consultato il: 10 settembre 2014.

SANTA CATARINA (Stato). Legge n. 6.218 del 10 febbraio 1983c. Prevede lo Statuto della Polizia Militare dello Stato di Santa Catarina e altre misure. Disponivel em: <http://200.192.66.20/alesc/docs/1983/6218_1983_lei.doc>. Consultato il: 10 settembre 2014.

SNELL, Scott; BOHLANDER, George. **Gestione delle risorse umane**. Traduzione di Maria Lucia G. L. Rosa e Solange Aparecida Visconti. San Paolo: Cengage Learning, 2010.